Intra

Arbeitsheft II

Zu den Lektionen 26–50

von
Ursula Blank-Sangmeister
und Silke Hubig

Unter Mitarbeit von Gabriele Hille-Coates

Vandenhoeck & Ruprecht

Mit Zeichnungen von Susanne Schewe

Bibliografische Information der Deutschen Nationalbibliothek

Die Deutsche Bibliothek verzeichnet diese Publikation in der Deutschen
Nationalbibliografie; detaillierte bibliografische Daten sind im Internet über http://dnb.d-nb.de abrufbar.

ISBN 978-3-525-71829-2

Printed in Germany.

Druck und Bindung: ⊕ Hubert und Co, Göttingen

Lektion 26

De caede Caesaris

Caesarem sacrificium facientem
Spurinna haruspex adierat et monuerat:
»Scito haec: Dei irati sunt.
Cave, Gai, periculum! Cave Idus Martias!«

5 Caesar, quamquam etiam alia prodigia nuntiata erant,
illo die, qui a haruspice dictus erat, in curiam se contulit
laetusque Spurinnae ad portam stanti dixit:
»Ecce, Idus Martiae adsunt.
Illa, quae praedixeras, facta non sunt.
10 Ego quidem sanus et incolumis sum!«
Ille autem: »Adsunt, sed nondum praeterierunt!«

In curia Caesar a nonnullis senatoribus
rem publicam a dictatore diutius regi nolentibus
iam exspectabatur.
15 Qui quasi officii causa appropinquantes
dictatorem subito pugionibus petiverunt.

Ille, postquam inter coniuratos etiam Marcum Brutum vidit,
clamavit: »Etiam tu, mi fili?«
Et multis vulneribus gravibus confectus
20 ante oculos senatorum corruit.

Corpus Caesaris a cunctis relictum diu in curia iacebat;
tandem ab aliquot servis domum ablatum est.

sacrificium, i *n.*: Opfer
Spurinna, ae *m.*: *Eigenname*
haruspex, spicis *m.*: Opfer-
schauer
cavere, eo *m. Akk.*: sich hüten vor
Idus Martiae, *Akk.* Idus Martias
f. Pl.: Iden des März (= 15. März)
prodigium, i *n.*: (ungünstiges)
Vorzeichen
nuntiare, o: melden
dictus, a, um: *PPP von* dicere
praedicere, o, dixi: vorhersagen
factum non est: es ist nicht
eingetreten
incolumis, e: wohlbehalten
praeterire, eo, ii: vorübergehen
dictator, oris *m.*: Diktator
diutius *Adv.*: länger
regere, o: regieren
nolens, ntis: *PPA von* nolle:
nicht wollen
officii causa: um (ihm) ihre
Ehrbietung zu bezeugen
pugio, onis *m.*: Dolch
coniurati, orum *m. Pl.*: Ver-
schwörer
Marcus Brutus, i *m.*: *früherer
Freund Caesars*
mi fili: *Vokativ*
confectus, a, um: geschwächt
corruere, o, rui: zusammenbrechen
relictus, a, um: *PPP von* relinquere
ablatum est: wurde
(weg)gebracht

1. Übersetze den Text.

2. Richte an!

Zeichne für jeden Satz einen Teller mit Burger und beschrifte entsprechend dem Beispiel: Der Partizipialbereich bildet den Burger. Übersetze die Sätze.

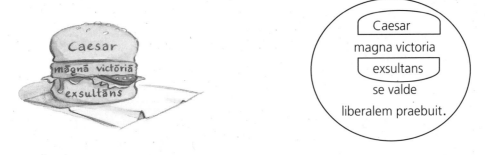

a) Caesar fortiter pugnans magnam sibi gloriam paravit.

b) Vercingetorix a Caesare victus Romam deductus est.

c) Magno cum gaudio turba ducem hostium a Caesare victum spectabat.

d) Cleopatra regina a fratre e patria expulsa auxilium a Caesare petivit.

_____

e) Caesar amore Cleopatrae inflammatus cum fratre eius pugnavit.

_____

f) Ira uxoris aemulam conspicientis permagna erat.

_____

g) Senatores quidam Caesarem regnum cupientem interfecerunt.

_____

Lektion 27

De rebus futuris

Aeneam a Troia fugientem per maria erravisse notum est.

Tandem Aeneas ad litus Italiae pervenerat
et Cumas properaverat.

Cumis Sibyllam, vatem praeclaram, adiit.
5 Quae de rebus futuris interrogata
Aeneam ad inferos ipsos descendere iussit.
Ibi Anchisem, patrem mortuum, filio futura praedicturum esse
promisit.
Itaque Aeneas a Sibylla iussus iter ad mortuorum sedes fecit.
10 Ibi umbram patris invenit.
Anchises filio,
postquam multa de bellis periculisque futuris narravit,
animas et Romuli et Augusti monstravit.

Illum urbem Romam conditurum esse, hunc imperium suum
15 usque ad fines orbis terrarum promoturum esse dixit.
Anchises Augustum aurea saecula conditurum esse praedixit.
Aeneam autem ipsum in Italia patriam novam inventurum esse
promisit.
Itaque Aeneas Cumas reliquit et in Latium se contulit.

pervenire, io, veni, ventum: (hin)gelangen

Cumae, arum, *f.*: Cumae *(Stadt in der Nähe von Neapel)*

Sibylla, ae *f.*: (die) Sibylle

vates, is *f.*: Seherin, Wahrsagerin

inferi, orum *m.Pl.*: die Unterirdischen / Verstorbenen

praedicere, o, dixi, dictum: vorhersagen

anima, ae *f.*: Seele

Augustus, i *m.*: *erster römischer Kaiser, reg. 37 v. – 14 n. Chr.*

monstrare: zeigen

promovere, eo, movi, motum

saeculum, i *n.*: Zeitalter, Jahrhundert

Latium, i *n.*: *Landschaft um Rom*

1. Übersetze den Text.

2. Ergänze die fehlenden Wipper.

Aktiv	Passiv
educatis	
	exstructus est
	fatigabimur
libero	
affecerant	

6

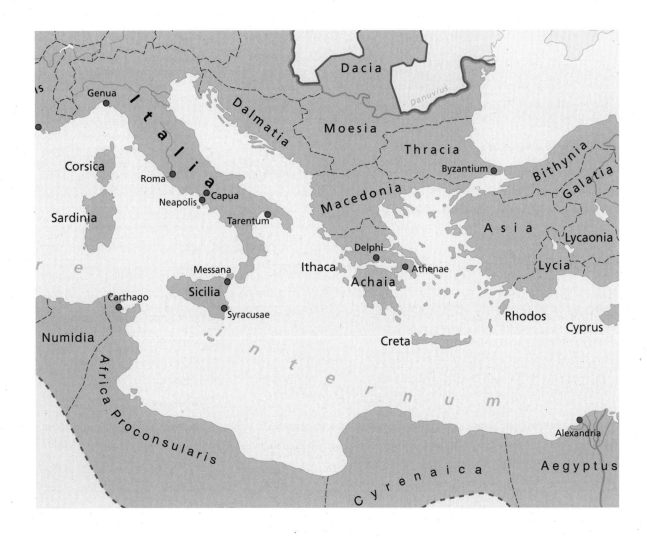

3. Kreuzfahrt

Übersetze den folgenden Kreuzfahrt-Fahrplan ins Lateinische!

in / auf ...	von ...	nach ...
Roma	Roma	Messana[1]
Messana	Messana	Ithaca
Ithaca[2]	Ithaca	Delphi
Delphi[3]	Delphi	Alexandria
Alexandria[4]	Alexandria	Carthago
Carthago	Carthago	Neapolis[5]
Neapolis	Neapolis	Roma

[1]**Messana,** ae f.: Stadt auf Sizilien / [2]**Ithaca,** ae f.: kleine Insel im Ionischen Meer / [3]**Delphi,** orum m.: Stadt in Griechenland / [4]**Alexandria,** ae f.: Stadt in Ägypten / [5]**Neapolis,** is f., Akk. Sg. Neapolim, Abl. Sg. Neapoli: Stadt in Kampanien

4. Antonia und ihre Sklaven

Verbinde die Sätze, indem du die wörtliche Rede in einen aci umwandelst. Übersetze dann die entstandenen Sätze.

Antonia dixit: »Germanicus non bene laboravit.«

Antonia Germanicum non bene laboravisse dixit.

Antonia sagte, dass Germanicus nicht gut gearbeitet habe.

a) Germanicus promisit: »Semper bene laborabo.«

_____

b) Antonia dixit: »Germanicus numquam obtemperat.«

_____

c) Servus iuravit: »Semper obtemperabo.«

_____

d) Antonia exclamat: »Mihi auxilio opus est!«

_____

e) Ancillae dicunt: »Domina clamare mox desinet.«

_____

f) Hodie Britannicus gaudet: A domina laudatus est.

_____

5. Zwei werden eins im Nu: Der Zauberer bist du!

Tarquinius urbe Roma expulsus erat. Auxilium a rege Etruscorum petivit.

Tarquinius Roma urbe expulsus auxilium a rege Etruscorum petivit.

Nachdem Tarquinius aus der Stadt Rom vertrieben worden war, bat er den König der Etrusker um Hilfe.

a) Qui urbem expugnari non posse putabat. Itaque Romanos frumento interclusit.

_____

b) Milites Etrusci Mucium ceperant. Mucium ad regem traxerunt.

_____

c) Mucius ad regem tractus erat. Mucius se mortem non timere dixit.

_____

Lektion 28

De loco cladis Varianae

Im Jahre 15 n. Chr. unternimmt Germanicus zusammen mit seinem Unterfeldherrn Caecina einen Feldzug gegen die zwischen Ems und Lippe lebenden Germanen.

Germanicus, imperator virtute egregia,
exercitum ad loca non procul Teutoburgiensi saltu sita duxit,
in quo reliquiae Vari et legionum insepultae iacebant.
Germanicus enim militibus ducique
5 suprema solvere cupivit.

Germanicus, postquam Caecinam cum parte militum,
qui per silvas et paludes viam munirent, misit,
cum suis non sine aliquo metu
locum horribilem intravit:
10 Ubique arma et ossa albentia,
ut milites manus conseruerant, ut fugerant,
ut restiterant, ut interfecti erant,
disiecta vel aggerata iacebant.

Sextum igitur post cladis annum
15 exercitus Germanici interitu trium legionum Romanarum
valde commotus
ossa commilitonum magno tumulo sepelivit.
Imperator ipse maesto animo
primum caespitem in tumulo posuit.

Varianus, a, um: des Varus (Quintilius)

Germanicus, i *m.: Großneffe des Kaisers Augustus*

loca: *Akk. Pl. n. zu* locus

Teutoburgiensis saltus, Teutoburgiensis saltus *m.:* Teutoburger Wald

reliquiae, arum *f. Pl.:* Überreste

insepultus, a, um: unbeerdigt

suprema solvere, o: die Totenehre erweisen

Caecina, ae *m.: Eigenname*

qui … munirent: die … anlegen sollten

ubique *Adv.:* überall

os, ossis *n.:* Knochen

albens, ntis: bleich

ut: je nachdem, wie

resistere, o, stiti: Widerstand leisten

disiectus, a, um: zerstreut

aggeratus, a, um: aufgehäuft

sextus, a, um: sechster

commilito, onis *m.:* (Kriegs-)Kamerad

tumulus, i *m.:* Grabhügel

sepelire, io: bestatten

caespes, spitis *m.:* Rasenstück; *ein Grabhügel wurde mit Rasenstücken abgedeckt*

1. Übersetze den Text.

9

2. In castris Romanorum

Bestimme jeweils den Kasus und die semantische Funktion der fett gedruckten Wörter.

a) **In castris** Romanorum cuncti milites, quamquam hostes **numero** superant, semper vigilant.

b) Hodie nemini **castris** exire, nemini requiescere licet.

c) Alii vulnera curant, alii **armis** se exercent.

d) Omnes **magno cum studio** labores subeunt.

e) Hic aliquos **ab imperatore** laudari vides.

f) Maximus[1] imperator, vir **corpore permagno**, **omnibus militibus admirationi, hostibus** autem **terrori** est.

g) Ecce! **Timore imperatoris Romani** commotus dux **hostium paucis cum militibus** castris appropinquat: **Cum imperatore** de pace agere cupit.

[1]**Maximus**, i m.: Eigenname

3. Zeichne ein Bild, das die Sätze 2a) – g) illustriert, und baue mindestens sieben Fehler ein.

4. Lass einen Partner die Fehler auf deinem Bild entdecken.

Lektion 29

Tacitus über die Christen

De Christianis Tacitus haec fere narrat:
Multis domibus urbis incendio deletis
Romani deos placabant.
Itaque libris Sibyllinis consultis

5 et Vulcano et Cereri et Proserpinae
deis supplicaverunt.
Populo frumento vestibusque donato
Nero ipse auctor incendii putabatur.
Itaque eos, qui Christianos appellabantur,
10 urbem inflammavisse dixit.

Auctor nominis eius, Christus, Tiberio imperatore
per Pontium Pilatum procuratorem cruci affixus erat.
Punita, non exstincta ea superstitio rursus erumpebat
non modo per Iudaeam, originem eius mali,
15 sed etiam per urbem,
quo cuncta undique mala conveniunt celebranturque.

Multis Christianis comprehensis et
20 non modo criminis incendii,
sed etiam odii humani generis condemnatis
erant, qui Neronem auctorem tantae miseriae esse
credere pergerent.

Tacitus, i *m.: röm. Schriftsteller (um 100 n. Chr.)*
placare, o: versöhnen
libri Sibyllini, orum *m. Pl.: die Sibyllinischen Bücher enthielten Weissagungen und wurden in Notzeiten von einer bestimmten Priesterschaft eingesehen*
Vulcanus, i *m.*, **Ceres,** Cereris *f.*, **Proserpina,** ae *f.: röm. Gottheiten*
supplicare, supplico *m. Dat.:* sich Hilfe suchend wenden an

Tiberio imperatore: unter dem Kaiser Tiberius *(reg. 14-37 n. Chr.)*
procurator, oris *m.:* Statthalter
Pontius Pilatus, i *m.: Eigenname*
punire, io: bestrafen
superstitio, onis *f.:* Aberglaube
rursus *Adv.:* wieder
erumpere, o: ausbrechen
Iudaea, ae *f.:* Judäa
origo, ginis *f.:* Ursprung(sland)
malum, i *n.:* Übel
genus, generis *n.:* Geschlecht
qui … credere pergerent: die weiterhin glaubten

1. Unterstreiche alle abl. abs. im Text.

2. Übersetze den Text.

3. Labyrinth der Dative

Den richtigen Weg findest du, indem du nur die Straßen gehst, die mit Dativen gepflastert sind.

EXITUS
Ausgang

	templo		tuta		quanto		praetoris	
corripui		equitis		flagitii		munitioni		hic
	Nero		huic		manenti		poenae	
delet		sublatae		horribile		metu		legio
	domus		ei		manibus		ancillae	
paludibus		bovis		severitate		ipsi		crudelis
	crucis		aliis		prohibebis		felicis	
exercitu		illa		itinera		nepoti		inficio
	sibi		hi		homo		cultis	
viris		dimisso		popuis		territi		iurantibus
	lavi		miti		tuo		domui	
metui		ipso		me		illae		hacc
	contumeliae		alicui		domo		civitati	

ADITUS
Eingang

4. McAbsolutus

Im Beispiel erkennst du den abl. abs. in Form eines Burgers, der auf einer Serviette neben dem Satz-Teller liegt. Stelle dir die folgenden Formen auch als Burger vor (zeichne sie auf ein Extra-Blatt) und ordne sie den richtigen Tellern zu. Übersetze dann. Beachte dabei das „logische Subjekt" (Grammatik § 131).

a) Alis paratis

_____

b) Insula tandem relicta

_____

c) Nummis acceptis

_____

d) Hominibus e terra aquaque formatis

_____

e) Aquila interfecta

_____

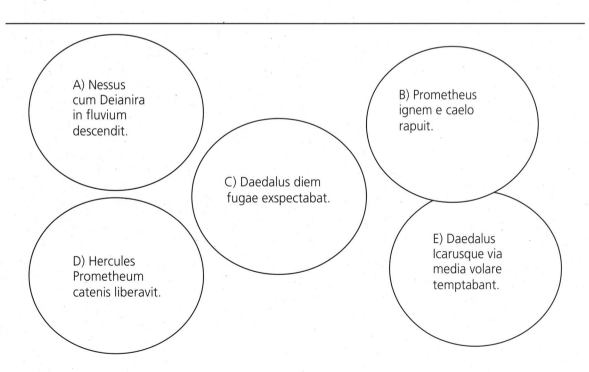

Lektion 30

De Vespasiano imperatore

Bello civium finito
Vespasianus imperator
iter per Alexandriam faciens
a plebe illius urbis undique concurrente
5 salutatus est.
Illi imperatorem quasi deum colebant.

Subito homo quidam morbo oculorum vexatus
ante pedes eius volvitur
remedium caecitatis petens:
10 »A Serapide deo per somnum monitus sum,
ut te, imperatorem Romanum, adirem.
Te me morbo liberaturum esse promisit.«

Vespasianus interrogat: »Qua re tibi auxilium feram?«
15 Ille: »Deo duce oculos meos oris excremento sparge.«
Imperator ridet, negat.
Illo autem instante
Vespasianus medicos de illa re consulit.

Qui autem respondent
20 vim oculorum illius non deletam esse redituram,
si adhibeatur vis salubris.
Plebe magna cum curiositate spectante
Vespasianus facit illa, quae petita sunt.
Et redit caeco lux.

Vespasianus, i *m.*: Vespasian
(*röm. Kaiser, reg. 69-79 n. Chr.*)

Alexandria, ae *f.*: *Stadt in Ägypten*

morbus, i *m.*: Krankheit
volvitur: er wirft sich
remedium, i *n.*: Heilmittel
caecitas, tatis *f.*: Blindheit
Serapis, Serapidis *m.*:
ägyptischer Gott
somnus, i *m.*: Schlaf
ut … adirem: dass ich mich an
… wenden solle
promisi: *Perf. von* promittere
feram: ich kann / soll bringen
oris excrementum, i *n.*:
Speichel
spargere, o: bestreichen
instare, o: drängen
medicus, i *m.*: Arzt

vis, *Akk.* vim *f.*: Kraft
si adhibeatur: wenn angewendet würde
salubris, e: heilsam
curiositas, tatis *f.*: Neugier
caecus, a, um: blind
lux, lucis *f.*: (Augen-)Licht

1. Unterstreiche alle Partizipialkonstruktionen im Text und notiere am Rand: pc / abl. abs.; vz / gz.

2. Übersetze den Text.

3. Zeichne ein Satzgliederhaus und trage den ersten Satz ein.

4. Britannia insula a Romanis occupata

Übersetze in mehreren Schritten:

– Schreibe den abl. abs. heraus und übersetze ihn wie einen selbstständigen Hauptsatz. Achte dabei auf Vorzeitigkeit / Gleichzeitigkeit und Passiv / Aktiv.
– Übersetze dann den Rest des Satzes. Ermittle die Sinnrichtung des abl. abs.
– Übersetze den gesamten Satz.

a) Prasutago[1] mortuo Boudicca[2] uxor verberata est, filiae autem violatae sunt.

b) Londinio[3] oppido a Boudiccae copiis expugnato omnes fere incolae occisi sunt.

c) Tandem exercitus Romanus Suetonio Paulino[4] duce copias Boudiccae superavit.

d) Caesennio Paeto[5] et Petronio Turpiliano[6] consulibus Romani gravem cladem in Britannia acceperunt.

[1]**Prasutagus**, i *m.: britannischer Fürst, Klientelkönig der Römer*   [2]**Boudicca**, ae *f.: Witwe des Prasutagus*   [3]**Londinium**, ii *n.:* London   [4]**Suetonius Paulinus**, Suetonii Paulini *m.:* römischer General   [5]**Caesennius Paetus**, Caesennii Paeti *m.: Konsul im Jahr 61 n. Chr.*   [6]**Petronius Turpilianus**, Petronii Turpiliani *m.: Konsul im Jahr 61 n. Chr.*

a) 1. _____

   2. _____

   3. _____

     _____

b) 1. _____

   2. _____

   3. _____

     _____

c) 1. _____

   2. _____

   3. _____

     _____

d) 1. _____

   2. _____

   3. _____

     _____

Lektion 31

Die Witwe von Ephesos

Phaedrus poeta haec fere narrat:
Ephesi mulier quaedam maritum,
quem valde amaverat, amiserat
corpusque eius in sarcophago positum
in sepulcro condiderat, a quo revelli non poterat.
Ipsa animo tam fido
in sepulcro pro domo vitam degens
omnibus admirationi erat.

Forte tum latrone aliquo cruci affixo
quodam loco, qui non longe a sepulcro distabat,
miles positus est, qui corpus custodiret.

Aliquando ille siti vexatus
mulieri appropinquavit aquamque petivit –
et amore eius incensus est.
Miles etiam illi placuit…
Quo ex tempore eam saepe in sepulcro visitabat
custodiamque neglegebat.

Ita factum est,
ut corpus cruxi affixum ab aliquo clam sublatum sit.

Qua re cognita miles cum metu mulieri dixit:
»O me miserum! Certe poenas severas dabo!«
Illa autem: »Me adiuvante poenas non dabis.
Dabo enim tibi corpus mariti.
Quod loco latronis cruci affige!«

Postridie homines corpum mariti cruci affixum videntes
stupuerunt: »Quo modo maritus in crucem iit?«

Hac fabula Phaedrus poeta, ut ipse scripsit,
monstrare cupivit
mulieres esse magna inconstantia.

Phaedrus, i *m.: Fabeldichter, gest. um 50 n. Chr.*
Ephesus, *f.: Stadt in Kleinasien*
sarcophagus, i *m.:* Sarg
positus, a, um: *PPP zu* ponere, o
sepulcrum, i *n.:* Grab, Gruft
revellere, o: weg-, losreißen
degere, o: verbringen
forte *Adv.:* zufällig
latro, onis *m.:* Räuber
loco: *abl. loci*
distare, o: entfernt sein
qui … custodiret: der … bewachen sollte

custodia, ae *f.:* Wache

factum est, ut … sublatum sit: es geschah, dass … geraubt wurde

cognitus, a, um: *PPP zu* cognoscere
loco *m. Gen.:* anstelle von

postridie *Adv.:* am folgenden Tag

fabula, ae *f.:* Fabel
monstrare, o: zeigen
inconstantia, ae *f.:* Unbeständigkeit

1. Übersetze den Text.

2. Sammle die Pronomina aus dem Text und schreibe sie in die richtige Spalte.

Personalpron.	Relativpron.	Interrogativpron.	Demonstrativpron.	Indefinitpron.

3. Computer-Alarm!

Ein Virus hat mal wieder das Vokabelprogramm befallen. Wie lautet jeweils die gelöschte lateinische Vokabel? Übersetze die lateinischen Wörter ins Deutsche.

Latein	Englisch	Französisch	Italienisch	Spanisch	Deutsch
				la taberna	
	to delete				
		horrible			
			l'ingegno		
	ardent				
		laver			
			onesto		
				la condición	
	to condemn				
				antiguo	

4. Griechischstunde

Betrachte die Wortrosette. Ordne die Fremdwörter den Bedeutungen a) bis g) zu. Was bedeutet das griechische Adjektiv in der Mitte?

a) wärmebeständig _____

b) Gefäß zum Warm- oder Kühlhalten von Getränken _____

c) regelt die Temperatur _____

d) Gerät zur Temperaturmessung _____

e) Wärme abgebend _____

f) aufwärts strömende Warmluft _____

g) von einer warmen Quelle gespeistes Bad _____

5. Zeitmaschine

Verschicke die Verbform.

a) deridebar ⇨ 3. Pers. ⇨ Perf. ⇨ 2. Pers. ⇨
   Plpf. ⇨ Akt. ⇨ 1. Pers. ⇨ Fut. ⇨ Pass.

Verfahre mit den Formen b) bis e) ebenso.
b) intercludebar   c) lavabar   d) opprimebar   e) recipiebar

_____

_____

_____

_____

_____

6. Setze die gebildeten Formen in den Plural. Schreibe ins Heft.

Lektion 32

De Senecae philosophi morte

Nero Senecam contra se coniuravisse putabat.
Itaque philosophum, a quo ipse eruditus erat,
capitis damnavit.

5 Quo nuntio accepto Seneca Paulinam uxorem adiit:
»Quid faciam? Tecum ex urbe fugiam?
Tecum Romae maneam?
Quid faciamus, Paulina mea?«
Denique »praestat« inquit »mortem sibi consciscere
10 quam a satellitibus imperatoris necari.«

Postquam amicos advocatos
de consilio suo certiores fecit,
illi maesti dixerunt:
»Utinam tamen fugam capias et in vita maneas!
15 Sine te crudelitas Neronis nullum modum habebit,
sine te omni praesidio privati erimus!«

Seneca autem: »Ne desperemus!
Philosophorum praeceptorum memores simus!
Nonne nos mortem malum non esse docent?«

20 Venis ferro exsolutis venenoque hausto
tamen e vita non cessit.
Postremo se in balneum portari iussit,
ubi vapore exanimatus est.

Seneca, ae *m.: röm. Philosoph,
gest. 65 n. Chr.*
philosophus, i *m.*: Philosoph
contra *m. Akk.*: gegen
erudire, o: erziehen
capitis damnare, o: zum Tode
verurteilen
Paulina, ae *f.: Eigenname*
praestat: es ist besser
mortem sibi consciscere, o:
sich umbringen
quam: als
satelles, itis *m.*: Helfershelfer

sine *m. Abl.*: ohne
crudelitas, tatis *f.*: Grausamkeit
privatus, a, um *m. Abl.*: beraubt
m. Gen.
desperare, o: verzweifeln
praeceptum, i *n.*: Lehre

venas exsolvere, o, *PPP* exsolu-
tum: sich die Pulsadern
aufschneiden
haustus, a, um: *PPP zu* haurire,
io: trinken
balneum, i *n.*: Bad
vapor, oris *m.*: Dampf
exanimatus est: er erstickte

1. Übersetze den Text.

2. Ergänze die fehlenden Wipper.

vales	valeas
ardent	
	cognoscat
inimus	

3. Schreibe aus dem Text alle Formen des Konjunktivs I der Gleichzeitigkeit heraus und ordne sie der richtigen semantischen Funktion zu. Für welche der Funktionen findet sich kein Beispiel?

coniunctivus optativus

_____

_____

coniunctivus iussivus

_____

_____

coniunctivus deliberativus / dubitativus

_____

_____

coniunctivus adhortativus

_____

_____

4. Erkennst du die »schwarzen Schafe«?

a) circumspiciet, ardebunt, repelles, incolemus, appelletis, capietis

_____

b) exercitum, domum, illum, oculum, animum, ipsum

_____

c) venti, egregii, probi, tauri, foedi, incoli

_____

d) corripias, amittas, noscet, inflammetur, doment, deleantur

_____

e) denuo, quia, si, quamquam, postquam, dum

_____

Lektion 33

Seneca de morte

Senecam a Nerone imperatore quasi coactum
e vita cessisse
tibi notum est.
Ille semper de vita et morte hominum cogitaverat.
5 In epistulis ad Lucilium amicum datis
de illis rebus saepe scripsit.

»Nemo tam stultus est, ut non sibi conscius sit
se aliquando e vita cessurum esse.
Tamen timet, ne mors appropinquet,
10 gemit, lamentis se dat, rogat, ut semper vivat.

Nonne stultissimus omnium est, qui flet,
quod ante annos mille non vixit?
Aeque stultus est, qui flet,
quod post annos mille non vivet.
15 Haec paria sunt. Non eris neque fuisti.

Curemus, non ut diu vivamus, sed ut satis.
Nam ut diu vivas, fato opus est, ut satis, animo bono.
Longa est vita, si plena est.
Rogo te, Lucili: Hoc agamus,
20 ut vita nostra non multum pateat,
sed multum pendeat.«

Seneca, ae *m.: röm. Philosoph,*
gest. 65 n. Chr.

Lucilius, i *m.: Eigenname*

conscius, a, um: bewusst

lamenta, orum *n. Pl.:* Klagen

stultissimus, i *m.:* der Dümmste
quod: *hier:* dass
mille *unveränderl.:* 1000
aeque *Adv.:* ebenso
par, paris: gleich

multum patere, patet: viel
Raum einnehmen, lange dauern
multum *Adv.:* viel
pendere, eo: wiegen, Gewicht
haben

1. Übersetze den Text.

2. Schreibe aus dem Text die konjunktivischen Gliedsätze heraus
und bestimme sie: Handelt es sich um einen finalen Objektsatz /
Wunschsatz, einen finalen Adverbialsatz / Zwecksatz oder einen
Konsekutivsatz? Schreibe ins Heft.

3. Wort-Rosette

Nenne ein lateinisches Wort, das mit den Fremdwörtern verwandt ist.

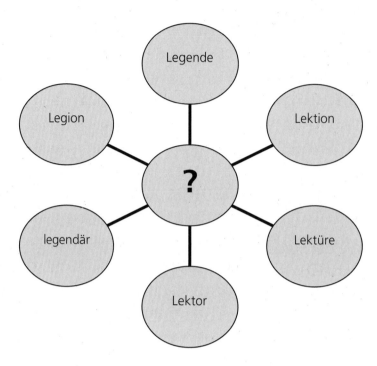

4. Ordne die Fremdwörter den folgenden Bedeutungen zu und erkläre gegebenenfalls die Mehrdeutigkeit eines Begriffs anhand der Bedeutungen des lateinischen Ursprungswortes.

a) sagenhaft, unwirklich

_____

b) Auslese von »Kriegstauglichen«

_____

c) Lehrbuchabschnitt; Zurechtweisung

_____

d) Heiligengeschichte; Erklärungen unter einem Bild, einer Landkarte ...

_____

e) Lesen, Lesestoff

_____

f) Sprachlehrer an Hochschulen; Mitarbeiter in einem Verlag

_____

Lektion 34

Die Bekehrung des Paulus
Teil 1

Erat autem Saulus quidam,
qui, ut ecclesiam devastaret,
Christianos e domibus trahebat
et in custodiam tradebat.
5 Aliquando Damascum properavit,
ut Christianos, viros ac mulieres, investigaret
et in vincula coniectos duceret in Ierusalem.

Et cum iter faceret,
subito eum circumfulsit lux de caelo.
10 Et cadens in terram audivit vocem dicentem sibi:
»Saule, Saule, cur me persequeris?«
Qui dixit: »Quis es, Domine?«
Et ille: »Ego sum Iesus, quem tu persequeris.«
Et tremens ac stupens dixit:
15 »Domine, quid me facere cupis?«
Et Dominus ad eum: »Surge et intra urbem
et tibi dicetur, quid facere debeas.«

Viri autem, qui cum illo erant,
stabant stupefacti,
20 cum vocem quidem audirent, neminem autem viderent.
Surrexit autem Saulus de terra
apertisque oculis nihil videbat.
Itaque a comitibus Damascum ductus est,
ubi erat tribus diebus non videns,
25 et non manducavit neque bibit.

Saulus, i *m.: Eigenname*
ecclesia, ae *f.*: Kirche
devastare, o: vernichten

Damascus, i *f.*: Damaskus
(Stadt in Syrien)
Ierusalem *f. unveränderl.*: Jerusalem
cum *m. Konj.*: als
circumfulgere, eo, fulsi: umstrahlen
lux, lucis *f.*: Licht
cadere, o: fallen
persequeris: du verfolgst
Iesus, u *m.: Eigenname*
tremere, o: zittern

stupefactus, a, um: sprachlos

apertus, a, um: *PPP zu* aperire,
io: öffnen
comes, itis *m.*: Begleiter
manducare, o: essen
bibi: *Perf. von* bibere, o: trinken

1. Übersetze den Text.

2. Lass die Formen jeweils entsprechend dem Beispiel wippen.

inducis	inducas
educamini	
affigitis	
valetis	
reficior	

eram	essem
redibas	
noscebantur	
vindicabamus	
nocebatis	

surgat	surgeret
requiescant	
militetis	
adeant	
imperetur	

repelleremus	repelleremur
domarem	
deleret	
comprehenderes	
mitteretis	

24

Lektion 35

Die Bekehrung des Paulus
Teil 2

Erat autem quidam discipulus Damasci nomine Ananias.	**discipulus,** i *m.*: *hier*: Jünger
Aliquando in lecto dormiebat,	**Damascus,** i *f.*: Damaskus
cum dixit ad illum in visu Dominus:	*(Stadt in Syrien)*
»Surge et quaere in domo Iudae	**Ananias,** ae *m.*: Hananias
5 Saulum nomine Tharsensem.«	**visus,** us *m.*: Vision
Respondit autem Ananias:	**Iudas,** ae *m.*: Judas
»Domine, audivi a multis de viro hoc,	**Saulus,** i *m.*: *Eigenname*
quanta mala fecisset sanctis tuis in Ierusalem.«	**Tharsensis,** is *m.*: aus Tharsos
	(Stadt in Kleinasien)
	sanctus, a, um: heilig
	Ierusalem *unveränderl.*: Jerusa-
	lem
Dixit autem ad eum Dominus:	
10 »Vade, iste enim mihi est vas electionis,	**vadere,** o: gehen
ut portet nomen meum	**vas electionis:** auserwähltes
coram gentibus et regibus et filiis Israel.	Werkzeug
Ego ostendam illi,	**coram** *m. Abl.*: vor
quanta mala pro nomine meo pati debeat.«	**Israel:** *hier*: Israels
	ostendere, o: zeigen
	pati, ior: (er)leiden
15 Et abiit Ananias.	
Cum domum Iudae intravisset,	
imponens Saulo manus dixit:	**imponere,** o: auflegen
»Saule frater, Dominus misit me Iesus,	**Iesus,** u *m.*: Jesus
qui apparuit tibi in via, qua veniebas,	
20 ut videres et implereris Spiritu sancto.«	**spiritus,** us *m.*: Geist
Et statim ceciderunt ab oculis eius tamquam squamae	**cadere,** o, cecidi: fallen
et visum recepit.	**squama,** ae *f.*: Schuppe
Et cum surrexisset, baptizatus est.	**visum recipere,** io, cepi: wieder
	sehen können
	baptizare, o: taufen

1. Übersetze den Text.

2. Papyrologische Übungen

Dieser Papyrus ist nicht gut erhalten. Die Verbformen sind zum Teil zerstört. Setze die Wörter aus dem Speicher in der richtigen Form ein und ordne so zu, dass sinnvolle Satzgefüge entstehen. Übersetze.

Si Troiani equum a Graecis relictum delevissent,

patriam novam non invenisset.

liberos tuos non interfecissemus.

Si se omnia posse _____,

Si mihi pomum das,

Nisi matrem nostram _____, o regina infelix,

pomum aureum medios inter deos non _____.

via media volavisset.

Aeneas nisi Didonem _____,

tibi magnae divitiae _____.

Discordia dea si invitata esset,

Troia capta non _____.

Icarus si patri _____,

errat.

_____

_____

_____

_____

_____

_____

_____

Wortspeicher: esse, esse, iacere, laedere, obtemperare, putare, relinquere

Lektion 36

Alexander und der Seeräuber

Augustinus in opere suo, qui de civitate dei inscribitur, narrat
Dionidem piratam nave actuaria una
diu homines spoliavisse et cepisse.

Qui cum multis navibus iussu Alexandri imperatoris
5 quaesitus sit et tandem captus,
ab illo interrogatur,
cur mare eum habeat hostem.

Ille statim respondet: »Cur te orbis terrarum?
10 Sed si ego hoc ago una nave actuaria, latro vocor;
tu vero,
si orbem terrarum magno navium numero opprimis,
honoraris et imperator praedicaris.
Nisi pauper fuissem, naves non oppressissem.
15 Tu autem ut dives et felix, ita malus es.
Ergo ne me contempseris,
ne me castigaveris,
ne mihi fortunam meam crimini dederis!«

Tum Alexander piratam magnis divitiis donavit,
20 et Dionides de latrone princeps iustitiae factus est.

Augustinus, i *m.: Kirchenschriftsteller (um 400 n. Chr.)*
inscribere, o: betiteln
Dionides, is *m.: Eigenname*
pirata, ae *m.:* Pirat
navis actuaria, navis actuariae *f.:* Galeere
spoliare, o: ausrauben
Alexander, dri *m.:* Alexander (der Große) *(4. Jh. v. Chr.)*

latro, onis *m.:* Räuber

praedicare, o: rühmen

ut ... ita: zwar ... aber trotzdem
contemnere, o, tempsi: verachten
fortuna, ae *f.:* Schicksal
crimini dare, o: zum Vorwurf machen
princeps, cipis *m.: hier:* Verfechter
factus est: er verwandelte sich zu

1. Übersetze den Text.

2. Analysiere den zweiten Textabschnitt (Qui cum ... hostem) mithilfe der Einrück- oder der Kästchen-Methode.

3. Schreibe alle konjunktivischen Formen aus dem Text heraus und begründe die Modus- und Tempuswahl.

4. Vorzeitigkeit

Ergänze die richtige Form des eingeklammerten Verbs, so dass ein vorzeitiges Zeitverhältnis entsteht, und übersetze.

a) Istum hominem multa mala _____ (facere) a multis audivi.

b) De isto homine a multis audivi, quanta mala _____ (facere).

c) Saulus Christianos _____ (investigari) in vincula coniecit.

d) Saulus Christianos, cum eos _____ (investigare), in vincula coniecit.

e) Saulus Christianos _____ (investigari) in vincula conicit.

f) Saulus Christianos, cum eos _____ (investigare), in vincula conicit.

g) Christianis in vincula _____ (conici) Saulus gaudebat.

h) Cum Christiani in vincula _____ (conici), Saulus gaudebat.

i) Christianis in vincula _____ (conici) Saulus gaudet.

j) Cum Christiani in vincula _____ (conici), Saulus gaudet.

_____

_____

_____

_____

_____

_____

_____

_____

_____

_____

5. Modus-Suchsel

Wie viele Konjunktivformen findest du (waagerecht, senkrecht, diagonal)? Markiere sie und bilde jeweils die entsprechende Form im Indikativ. Hinweis: Zwischen den beiden Bestandteilen von Passivformen steht kein Leerzeichen.

a	d	v	e	n	e	r	i	t	i	s	a	t	i	s	f
c	d	e	c	e	p	t	a	e	s	i	m	u	s	r	l
c	o	r	l	a	v	e	r	i	m	d	r	l	s	t	e
e	p	r	a	e	f	u	e	r	i	t	a	e	e	i	a
p	t	e	u	l	a	v	e	s	d	p	e	r	s	r	t
e	a	m	d	u	m	s	d	i	c	a	s	i	e	e	i
r	s	t	e	g	e	r	i	m	o	t	t	m	u	m	s
a	g	e	r	e	t	c	l	i	n	e	p	o	m	u	p
t	e	n	e	r	i	o	e	s	s	r	e	m	i	s	r
f	d	e	n	e	m	n	x	s	e	e	t	i	s	n	o
s	u	p	t	m	e	f	i	a	r	t	i	s	s	e	m
e	x	e	u	n	a	u	s	e	e	e	t	i	i	g	i
d	e	a	r	t	n	g	s	s	r	r	a	b	e	a	t
d	r	r	x	i	e	e	e	t	e	i	e	a	s	r	t
s	i	n	t	e	m	r	n	a	t	a	s	d	s	e	a
u	s	s	f	i	n	i	t	u	m	e	s	s	e	t	m
m	b	e	c	u	r	n	o	s	c	a	e	i	m	a	u
a	b	i	t	a	i	t	u	r	b	e	n	t	u	r	s
m	a	n	e	a	m	t	u	r	b	a	t	e	s	u	m

_____

_____

_____

_____

_____

_____

_____

_____

Lektion 37

Es spukt

Erat Athenis magna et dives domus,	**infamis,** e: verrufen
sed infamis et pestilens.	**pestilens,** ntis: Unheil brin-
Cum per silentium noctis	gend
sonus ferri et strepitus catenarum auditus esset,	**sonus,** i *m.*: Geräusch
5 apparebat idolon,	**strepitus,** us *m.*: Klirren
senex squalore confectus,	**idolon,** i *n.*: Gespenst
longa barba, horrenti capillo.	**senex,** icis *m.*: alter Mann
Cruribus vincula,	**squalore confectus,** a, um:
manibus catenas gerebat et quatiebat,	von Schmutz gezeichnet
10 ut inhabitantes valde terrerentur	**barba,** ae *f.*: Bart
neque dormire possent.	**horrens capillus,** horrentis
Qui iterum atque iterum se interrogabant:	capilli *m.*: struppiges Haar
»Quid faciamus, ut idolon depellamus?«	**crus,** cruris *n.*: Bein
Tandem domum deseruerunt.	**quatere,** io: schütteln
	inhabitantes, ium *m. Pl.*:
	Bewohner
15 Venit Athenas philosophus Athenodorus.	**Athenodorus,** i *m.*: *Eigenname*
Cum certior factus esset,	**conducere,** o, duxi: mieten
cur inhabitantes domo fugissent,	**stilus,** i *m.*: Schreibgriffel
tamen domum conduxit.	**lumen,** minis *n.*: Licht
Ad vesperum stilum lumenque a servo sibi apportari iubet	**digitus,** i *m.*: Finger
20 et scribere incipit.	**innuere,** o: winken
Subito idolon catenas quatiens apparet,	**similis,** is, e: ähnlich
digito innuit similis vocanti.	**sequitur** *m. Akk.*: er folgt
	area, ae *f.*: Hof
Tandem philosophus cum aliquo metu surgit	**dilabitur:** es löst sich auf
et idolon sequitur.	**herba,** ae *f.*: Gras
25 Quod cum aream domus intraverit,	**folium,** i *n.*: Blatt
subito dilabitur.	**signum,** i *n.*: Zeichen
Ille autem herbas et folia signum loco ponit.	**postridie** *Adv.*: tags drauf
	magistratus, us *m.*: Behörde
Postridie magistratus monet,	**effodere,** io: aufgraben
ut illum locum effodi iubeant.	**os,** ossis *n.*: Knochen
30 Inveniuntur ossa inserta catenis.	**insertus,** a, um *m. Dat.*: verstrickt in
	rite *Adv.*: ordnungsgemäß
Ossibus rite sepultis domus idolo carebat.	**sepultus,** a, um: *PPP von*
	sepelire, io: bestatten

1. Unterstreiche die Konnektoren und übersetze dann den Text.

2. Haben oder Sein

Ersetze die Formen von *habere* durch die entsprechenden von *esse*.

a) haberem   b) habe   c) habuissemus   d) habeas

e) habuerim   f) habebitis   g) habebat   h) habuerant

---

3. Bedeutungsvielfalt

Übersetze.

a) ordo monachorum, ordo rerum

b) Ne falsum testimonium dixeris!

   Hercules laboris sui periculique testimonium attulit.

c) Exercitus hostium sine noxa urbis reductus[1] est.

   Noxam commisi!

d) Praecepta illius observemus! Virum observa!

e) Milites urbem inierunt. Imperator bellum cum Gallis iniit.

   [1]**reducere**, o, duxi, ductum

4. Verschicke die Verbform. Setze die entstandenen Formen in deinem Heft in die 1. und in die 2. Person.

a) honoraverint ⇨ Konj. II der Vorzeitigkeit (VZ) ⇨

   Konj. II der Gleichzeitigkeit (GZ) ⇨ Konj. I der GZ

   ⇨ Ind. Präs. ⇨ Pass. ⇨ Perf. ⇨ Akt.

---

5. Verfahre im Heft mit den folgenden Formen ebenso:

b) induxerint   c) puniverint

d) deleverint   e) erexerint

f) recreaverint   g) detulerint

h) dilexerint   i) negaverint

Das Römische Weltreich
um 117 n.Chr.

——— Grenzen des
Römischen Reiches

----- Grenzen der
Provinzen

0   500km

1. Welche heutigen Staaten liegen innerhalb der Grenzen des Römischen Reiches um 117 n. Chr.?

2. Welche Provinzen des Römischen Reiches lagen teilweise innerhalb der Grenzen der heutigen Bundesrepublik Deutschland?

3. Zeichne mindestens drei Römerstädte in Deutschland ein und benenne sie.

4. Trage die heutigen Namen der Städte und Flüsse auf deutsch und gegebenenfalls auf Englisch, Französisch, Spanisch, Italienisch, Griechisch in die Karte ein:

Londinium / Lutetia / Massilia / Mediolanum / Roma / Neapolis /
Corduba / Athenae / Delphi // Nilus / Danubius / Albis / Vistula /
Euphrates / Rhenus / Tiberis / Visurgis / Tigris

Lektion 38

E Celsi libro, qui de medicina inscribitur

Nunc de iis loquar,
qui partes aliquas corporis infirmas habent.
Cui caput infirmum est, is, si bene concoxit,
leniter perfricare id mane manibus suis debet;
5   numquam id, si fieri potest, veste velare;
ad cutem tonderi. Utileque est lunam vitare.

Si cui capilli sunt, cottidie pectere debet,
saepe ambulare, sed, si fieri potest,
neque sub tecto neque in sole;
10 semper autem vitare solis ardorem,
maximeque post cibum et vinum;
potius ungui quam lavari.

Capiti nihil aeque prodest atque aqua frigida uti.
Semper autem,
15 etiamsi totum corpus refrigerare non sustinet,
caput tamen aqua frigida perfundere.
Huic modicus cibus necessarius est.

Si quis vero stomacho laborat,
legere magna voce debet et post lectionem ambulare;
20 tum aut pila aut armis se exercere;
non aquam, sed vinum calidum bibere ieiunus;
cibum bis die capere.

Celsus, i *m.*: Arzt *(1. Jh. n. Chr.)*
medicina, ae *f.*: Medizin
inscribere, o: betiteln

concoquere, o, coxi: verdauen
leniter *Adv.*: sanft
perfricare, o: reiben
velare, o: bedecken
cutis, is *f.*: (Kopf-)Haut
tonderi, eor: sich scheren lassen
capillus, i *m.*: Haar
cottidie *Adv.*: täglich
pectere, o: kämmen
tectum, i *n.*: Dach
ardor, oris *m.*: Hitze
potius ... quam: besser ... als
ungui, or: sich einsalben

aeque ... atque: in gleicher
Weise ... wie
etiamsi: auch wenn
refrigerare, o: abkühlen
perfundere, o: übergießen
modicus, a, um: maßvoll
quis: jemand
stomacho laborare, o: an Ma-
genschmerzen leiden
lectio, onis *f.*: Lesen
pila, ae *f.*: Ball
calidus, a, um: warm
ieiunus, a, um: nüchtern

1. Übersetze den Text.

2. Erkennst du die schwarzen Schafe? Unterstreiche sie.

a) terrueris, iusseris, recesseris, rescripseris, obstrinxeris, clauseris
b) venantem, sequentem, lavantem, latentem, mirantem, loquentem
c) eisdem, illis, nobis, ipsis, his, eis
d) oculum, caput, brachium, manum, cor, peditem
e) observare, oboedire, diligi, utere, promitti, augere

3. Wörter-Lernen mit Köpfchen

Nenne ein verwandtes Substantiv und/oder Verb und gib die Übersetzung an.

a) onustus, a, um

_____

b) modestus, a, um

_____

c) honestus, a, um

_____

d) iratus, a, um

_____

e) nobilis, is, e

_____

f) facilis, is, e

_____

g) utilis, is, e

_____

h) mobilis, is, e

_____

4. Ergänze die fehlenden Wipper.

laudaverim	laudem
dixerit	
	conveniam
feceris	
	tangatis
negaverint	
	conspiciamus

Lektion 39

Juristische Ausdrücke und Sentenzen

  a) Audiatur et altera pars.

  b) bona fide (agere)

  c) corpus delicti   **delictum,** i *n.*: Vergehen

  d) Cui bono?   **bonum,** i *n.*: das Gute

5 e) de iure

  f) Fiat iustitia, et pereat mundus!   **perire,** eo: zugrunde gehen

  g) Ignorantia iuris nocet.   **ignorantia,** ae *f.*: Unkenntnis

  h) In dubio pro reo.   **dubium,** i *n.*: Zweifel
                                                           reus, i *m.*: Angeklagter

  i) Legibus idcirco omnes servimus,   **idcirco** *Adv.*: deshalb

10   ut liberi esse possimus.

  j) Nulla poena sine lege.

  k) Qui suo iure utitur, nemini facit iniuriam.

  l) Quod non est in actis, (id) non est in mundo.   **acta,** orum *n. Pl.*: Akten

  m) Res ipsa testis est.   **testis,** is. *m.* / *f.*: Zeuge

15 n) Si vis pacem, cole iustitiam!

  o) Silent leges inter arma.   **silere,** eo: schweigen

  p) Summum ius summa iniuria.

  q) Ubi non accusator, ibi non iudex.   **accusator,** oris *m.*: Ankläger

1. Übersetze die Sentenzen.

2. Mäusefraß

Ergänze und übersetze.

a) Roman____ domin____ orbis terrarum _____ (*Form von esse, vz*) dicuntur.

_____

b) Quis enim mult____ popul____ ab eis _____ (*Form von superare, vz*) negat?

_____

c) Etiam gent____ qu____ dam German____ a Romanis _____ (*Form von vincere, vz*) constat.

_____

d) Sed victor____ Roman____ non solum arma, sed etiam multas alias res secum _____ (*Form von portare, vz*) videntur.

_____

e) German____ ante adventum Romanorum neque thermas[1] neque am-phitheatra _____ (*Form von aedificare, vz*) notum est.

_____

f) Roman____ etiam agricol____ bon____ _____ (*Form von esse, vz*) putantur.

_____

g) Tamen German____ magna virtute pro libertate _____ (*Form von pugnare, vz*) traditum est.

_____

[1] **thermae**, arum *f. Pl.*: Thermen

3. Ergänze die fehlenden Wipper.

eo	malo
eas	

	malebat
ierint	

Lektion 40

De Samaritano bono

Et ecce quidam Legispertus surrexit dicens:
»Magister, quid faciam,
ut vitam aeternam possideam?«
At ille dixit: »In lege quid scriptum est?«
5 Ille respondens dixit: »Diliges Dominum tuum
ex toto tuo corde et ex tota anima tua:
et proximum tuum sicut te ipsum.«
Dixitque illi: »Recte respondisti: Hoc fac et vives.«
Ille autem dixit ad Iesum: »Quis est proximus meus?«

10 »Homo quidam descendebat ab Ierusalem in Iericho
et incidit in latrones, qui etiam despoliaverunt illum.
Et plagis impositis abierunt semivivo relicto.
Accidit autem, ut sacerdos quidam descenderet
eadem via; et viso illo praeteriit.
15 Similiter et Levita, cum videret eum, pertransiit.

Samaritanus autem quidam iter faciens et videns eum
misericordia motus est.
Et appropinquans alligavit vulnera eius,
infundens oleum et vinum.

20 Et ponens illum in iumentum suum duxit in stabulum
et curam eius egit.
Et altero die duos nummos dedit stabulario et dixit:
›Curam illius habe.
Et quodcumque supererogaveris, ego, cum rediero,
25 reddam tibi.‹

Quis horum trium videtur tibi proximus fuisse illi,
qui incidit in latrones?«

At ille dixit: »Qui fecit misericordiam in illum.«
Et dixit illi Iesus: »Vade, et tu fac similiter.«

1. Übersetze den Text.

Samaritanus, i *m.*: Samariter (*Angehöriger einer als unrein geltenden jüdischen Minderheit*)

Legispertus, i *m.*: Schriftgelehrter

aeternus, a, um: ewig

possidere, eo: besitzen

Ierusalem *unveränderl. f.*: Jerusalem

Iericho *unveränderl. f.*: Jericho (*Stadt im Jordantal*)

incidere, o, cidi: fallen

latro, onis *m.*: Räuber

despoliare, o: ausrauben

plagas imponere, o, posui, positum: schlagen

semivivus, a, um: halb tot

praeterire, eo, ii: vorübergehen

similis, e: ähnlich, gleich

Levita, ae *m.*: Levit (*israelischer Priester*)

pertransire, eo, ii: vorübergehen

misericordia, ae *f.*: Mitleid

alligare, o: verbinden

infundere, o **oleum:** Öl darauf gießen

iumentum, i *n.*: Lasttier

stabulum, i *n.*: Herberge

cura, ae *f.*: Sorge, Pflege

stabularius, i *m.*: Wirt

quodcumque: was auch immer

supererogare, o: darüber hinaus verlangen

vadere, o: gehen

2. Nimm ein Adjektiv aus dem Wortspeicher, bilde daraus ein passendes Adverb, setze es ein und übersetze.

a) Dominus servum _____ punivit.

_____

b) Milites _____ pugnaverunt.

_____

c) _____ et _____ respondisti.

_____

d) Filiae regis _____ educabantur.

_____

e) Ea _____ vera sunt.

_____

f) Iste _____ vivit.

_____

g) _____ locuti estis.

_____

h) Milites _____ armati fugiunt.

_____

> Wortspeicher:
> turpis, fortis, durus, levis, severus, confusus, gravis, firmus, certus

3. Setze drei Buchstaben im Textfeld ein; bilde möglichst viele verschiedene Formen. Bestimme Person, Numerus, Modus, Tempus, Aktiv / Passiv.

ac-		-i	_____
		-istis	_____
in-		-isset	_____
	– – –	-ero	_____
prae-		-erim	_____
		-erint	_____
re-		-eras	_____

4. Formenwippe für Perfektionisten

Lass Perfekt mit Futur 2 wippen.

afflicta est	
accusavi	
animadvertit	
restituta sunt	
maluerunt	
posuistis	
fui	

5. Der Apfel fällt nicht weit vom Stamm

Notiere zu den Formen jeweils die lateinische Grundform mit allen Angaben und die deutsche Bedeutung wie in den Beispielen.

dilixerim	diligere, diligo, dilexi, dilectum	lieben, hoch achten
corda	cor, cordis *n.*	Herz
infirmi	infirmus, a, um	schwach, krank

a) fleverit _____

b) iuri _____

c) diviti _____

d) fefellerim _____

e) siti (2) _____

f) iacebam _____

g) auxerant _____

h) eguisses _____

i) egerit _____

j) famae _____

k) fame _____

l) fines _____

m) finies _____

Lektion 41

Aesop und der Sportler

Aliquando Aesopus sapiens
victorem gymnici certaminis vidit,
qui victoriam suam maiore cum superbia iactabat.

Interrogavit eum,
5 num adversario maiores vires fuissent quam ei ipsi.
Ille respondit: »Qua de causa istud e me quaesivisti?
Num dubitas
me fortiorem fuisse isto adversario?
Meas vires multo maiores fuisse constat.«
10 Aesopus autem:
»Qua gloria, stultissime, dignus es,
si fortior minus valentem vicisti?
Melius est,
si diceres te superavisse aliquem,
15 qui fortior viribus fuisset quam te.«

Aesopus, i *m.*: Aesop (*griech. Fabeldichter, 6. Jh. v. Chr.*)
victor, oris *m.*: Sieger
certamen gymnicum, certaminis gymnici *n.*: sportlicher Wettkampf
iactare, o aliquid: sich brüsten mit
adversarius, i *m.*: Gegner
vires, ium *f. Pl.*: Kräfte

stultissimus, i *m.*: ausgemachter Dummkopf
est: *hier*: es wäre
diceres: du würdest sagen
fuisset: *hier mit dem Indikativ zu übersetzen*

1. Übersetze den Text.

2. Führe die folgenden Wörter auf ein lateinisches Wort zurück und erläutere ihre Bedeutung.

a) Major _____

b) Minimum _____

c) optimieren _____

d) Bonität _____

e) Multivitaminsaft _____

f) Pluralismus _____

3. Adverbientreppen

Fülle die Treppenstufen.

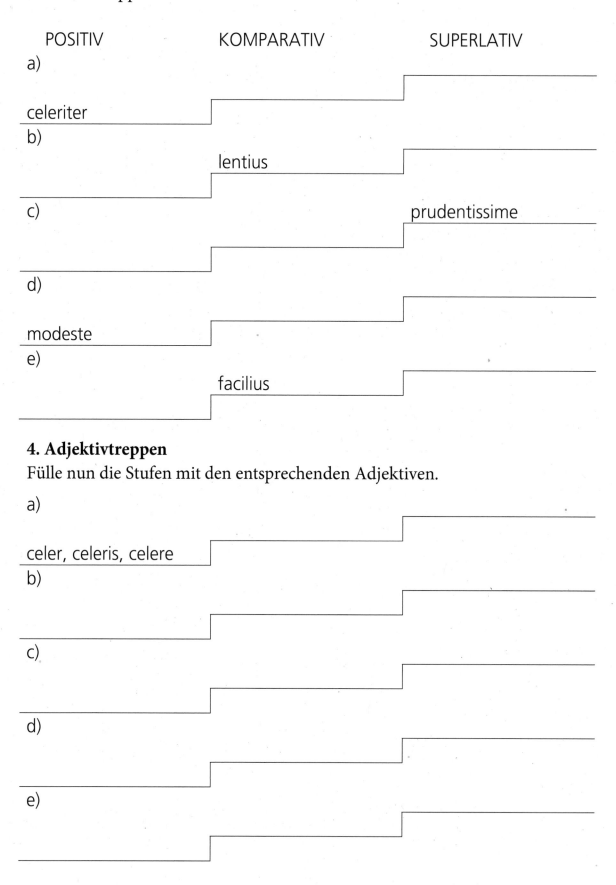

POSITIV   KOMPARATIV   SUPERLATIV

a)

celeriter

b)

lentius

c)   prudentissime

d)

modeste

e)

facilius

4. Adjektivtreppen

Fülle nun die Stufen mit den entsprechenden Adjektiven.

a)

celer, celeris, celere

b)

c)

d)

e)

5. Ausflug der Vokale

Die Vokale haben sich davongemacht. Hol sie zurück und setze sie so wieder
ein, dass korrekte Verbformen entstehen. Analysiere die Formen.

prrgm (2):   porrigam: 1. P. Sg. Fut. 1 Akt. / 1. P. Sg. Konj. I GZ Akt.
von porrigere – (dar)reichen, ausstrecken

a) cstgvrm (2) _____

_____

_____

_____

b) cnfgssnt _____

_____

c) rfcss _____

_____

d) xgst _____

_____

e) cmprhnd (4) _____

_____

_____

_____

_____

_____

_____

_____

Lektion 42

De diabolo, qui verba psalmorum colligebat

Aliquando abbas quidam
diabolum ut mendicum ad portam monasterii sedentem
invenit.
Cum eum interrogavisset, quid eo loco faceret,
5   ille saccum suum monstravit et
»Hic saccus«, inquit, »plenus verborum est,
quae in monasterio tuo collegi.
Cum enim monachi in orando vel cantando
verbum aliquod obliviscuntur aut neglegenter dicunt,
10 id humo tollo et in sacco meo pono.«

Tum abbas monachos advocavit
eosque magna cum ira vituperavit monuitque,
ne diabolo facultatem colligendi verba psalmorum
darent.

15 Quo facto
diabolus signo crucis monasterio expulsus effugit.

diabolus, i *m.*: Teufel
psalmus, i *m.*: Psalm; Gebet
colligere, o, legi: (auf)sammeln
abbas, atis *m.*: Abt
mendicus, i *m.*: Bettler
eo loco: *abl. loci*
saccus, i *m.*: Sack
monstrare, o: zeigen

oblivisci, or: vergessen
neglegens, ntis: nachlässig
humus, i *f.*: Erde; Boden

facultas, atis *f.*: Möglichkeit

signum, i *n.*: Zeichen

1. Übersetze den Text.

2. De monachis
Übersetze.

a) Monachi et orare et laborare solent.

_____

b) Et orare et laborare monachis placet.

_____

c) Orandi causa monachi in unum locum conveniunt.

_____

d) Monachus bonus et ad orandum et ad laborandum paratus esse debet.

_____

e) Etiam in laborando monachi orant.

_____

f) Etiam laborando monachi orant.

_____

3. Übersetze. Manchmal geht es mit einem Wort.

a) discendi causa _____

b) cupidus discendi _____

c) ars cantandi _____

d) magister dicendi _____

e) studium omnia discendi _____

f) genus dicendi _____

4. Themenkreise

Übersetze und schreibe alle Angaben dazu. Ergänze jeden Themenkreis um zwei
weitere Wörter. Schreibe das gemeinsame Thema jeweils in die Mitte.

capillus _____   caput _____

_____

brachium _____   _____

exiguus _____   _____

_____

ingens _____   permagnus _____

leo _____   _____

aquila _____

anser _____   _____

Lektion 43

Schüler und Lehrer

In pueris docendis evitandus est
magister aridus non minus quam teneris adhuc plantis
sicca terra.

Etiam constat
5 ingenia puerorum nimia severitate deficere;
nam dum omnia timent, discere non iam student.
Quod etiam agricolis notum est:
Qui falcem plantis teneris non adhibent,
quae nondum vulnera pati possint.

10 Discipulos moneo,
ut magistros non minus quam ipsa studia ament.
Haec pietas valde proderit studio.
Nam ita litterarum discendarum causa
in scholam laeti convenient, libenter audient,
15 vituperati non irati erunt, laudati gaudebunt.

Discipuli, qui praecepta magistri secuti non sunt,
puniri quidem debent.
Nam ut magistrorum officium est docere,
ita discipulorum est praebere se dociles sedulosque.
20 Sed eos caedi minime velim,
et quia turpe est, et quia illi,
qui vituperando correcti non sint,
etiam caedendo non corriguntur.

evitandus est: er muss vermieden werden
aridus, a, um: trocken, langweilig
tener, tenera, tenerum: zart
planta, ae *f*.: Pflanze
siccus, a, um: trocken
deficere, io: Schaden nehmen
dum: *hier*: wenn
adhibere, eo **falcem** alicui: etw. mit der Sichel bearbeiten
quae … possint: weil sie … können

pietas, atis *f*.: (respektvolle) Liebe
libenter *Adv*.: gern

se praebere, eo: sich zeigen
docilis, e: gelehrig
caedere, o: *hier*: schlagen
sint: *mit dem Indikativ zu übersetzen*

1. Schreibe alle nd-Formen mit ihren Beziehungswörtern aus dem Text heraus.

2. Übersetze sie und gib jeweils an, ob es sich um ein Gerundium oder ein Gerundivum handelt.

_____

_____

_____

_____

_____

3. Zeichne das Satzschema groß auf eine Doppelseite deines Heftes und trage den letzten Satz des Textes in das Satzschema ein.

4. Übersetze den Text.

5. -tor

Ein -tor ist jemand, der etwas Bestimmtes tut.
Übersetze die Vokabeln mithilfe der angegebenen verwandten Wörter.

a) accusator (accusare) _____

b) imperator (imperare) _____

c) praeceptor (praecipere) _____

d) venditor (vendere) _____

6. Erkennst du die »schwarzen Schafe«?

a) desiderium, aedificium, civium, fastidium, exitium

_____

b) pollicitus est, corruptus est, subiectus est, privatus est, obstrictus est

_____

c) donando, affirmando, aliquando, castigando, damnando

_____

d) acrius, durius, diligentius, turpius, ebrius

_____

Lektion 44

Lactantius, vir prudens et Christianus, scripsit

non solum litteras sacras, sed etiam ipsos philosophos
docuisse ad iustitiam nasci homines;
nam Ciceronem, virum summae sapientiae, dixisse:
»Omnium, quae ab hominibus doctis disputantur,
5 nihil est melius quam intellegi
nos esse ad iustitiam natos.«

Hoc esse verissimum Lactantius dicit.
Neque enim nos ad scelus nascimur,
cum homo sit animal sociale et commune.
10 Bestiae autem natura saevae sunt,
aliter enim quam praeda et sanguine vivere non possunt.
Quanto magis homini,
qui cum homine facultate linguae et sensus sit iunctus,
homo adiuvandus et diligendus est;
15 nemini nocendum est.

Sed quoniam soli homini sapientia data est,
ut Deum intellegat,
duobus officiis obstricta est ipsa iustitia:
Nobis intelligendum est,
20 quid Deo, quid homini debeamus:
Deo religionem, homini caritatem.

Lactantius, i *m.*: Laktanz *(Theologe, um 300 n. Chr.)*
Christianus, i *m.*: Christ
sacer, cra, crum: heilig
nasci, or, natus sum: geboren werden
doctus, a, um: gelehrt

socialis, e: sozial
communis, e: Gemeinschafts-
natura, ae *f.*: Natur
praeda, ae *f.*: Beute
quanto: um wie viel
facultas, atis *f.*: Fähigkeit
sensus, us *m.*: Gefühl
iunctus sit: verbunden ist
quoniam: weil ja

obstrictus, a, um *m. Dat.*: gebunden an

caritas, atis *f.*: Nächstenliebe

1. Übersetze den Text.

2. Lucius in der Zwickmühle
Ergänze lateinisch.

Theophilus magister:		*Decimus amicus:*	*Marcus amicus:*
Tace!		Noli tacere!	Ne tacueris.
Scribe!			
Audi!			
		Noli laborare!	
			Ne haec affirmaveris.
Leges observa!			
Hanc artem cole!			

48

3. Themenkreise

Übersetze die Wörter und schreibe alle Angaben dazu. Ergänze jeden Themenkreis um zwei weitere Wörter. Schreibe das gemeinsame Thema in die Mitte.

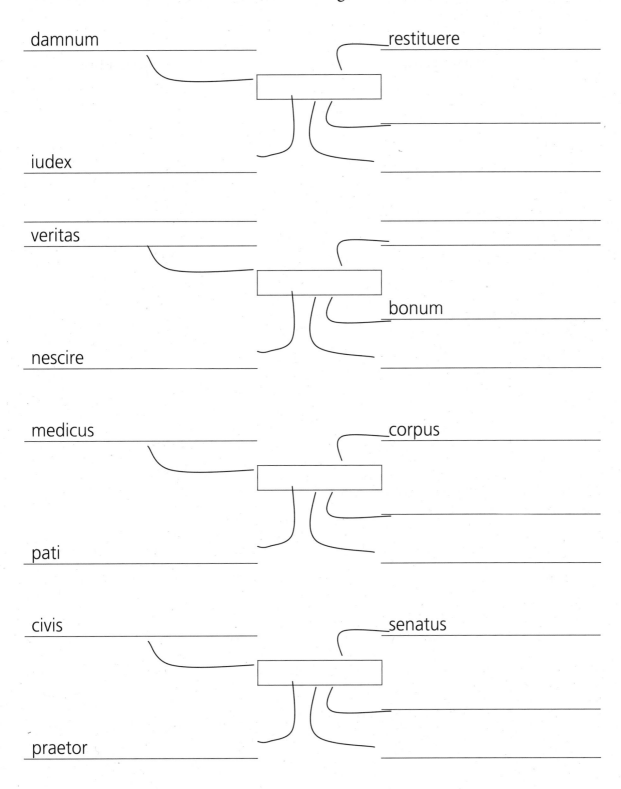

damnum

restituere

iudex

veritas

nescire

bonum

medicus

corpus

pati

civis

senatus

praetor

4. Tu's – du musst es tun! Tu's nicht – das darfst du nicht!

Forme entsprechend dem Beispiel um.
Epistulam scribe!   Epistula tibi scribenda est. Noli epistulam scribere!
Ne epistulam scripseris. Epistula tibi scribenda non est.

a) Verum investiga!

_____

_____

_____

_____

b) Inimicos vestros diligite!

_____

_____

_____

_____

c) Carthaginem delete!

_____

_____

_____

_____

d) Reverere gloriam veterem! (revereri, revereor, reveritus sum)

_____

_____

_____

_____

Lektion 45

Männer und Frauen

Iure natura mulieris,
ut Xenophon Athensiensis scripsit,
comparata est ad domus curam,
viri natura autem ad negotia forensia et extranea.

5 Itaque viro calores et frigora patienda,
tum etiam itinera et labores pacis et belli
deus tribuit.
Mulieri autem,
quod omnibus his rebus eam fecerat inhabilem,
10 domestica negotia curanda tradidit.

Et quoniam mulieres
curae domus adsignaverat,
idcirco timidiores reddidit quam viros.
Quod autem opus erat
15 in aperto victum quaerentibus
interdum pericula subire,
idcirco virum quam mulierem fecit audaciorem.

Tum vero,
quod simplex natura
20 non ad omnes res praestandas valebat,
idcirco alterum alterius indigere voluit,
quoniam, quod alteri deest,
saepe praesto est alteri.

natura, ae *f.*: Natur

Xenophon, ontis *m.*: *griech. Autor (um 400 v. Chr.)*

Atheniensis, is *m.*: Athener

comparare, o: einrichten

forensis, e: in der Öffentlichkeit

extraneus, a, um: außerhalb des Hauses

calor, oris *m.*: Hitze

frigus, oris *n.*: Kälte

inhabilis, e + *Dat.*: ungeeignet für

domesticus, a, um: häuslich

quoniam: weil ja

adsignare, o + *Dat.*: bestimmen für

idcirco: deswegen

timidus, a, um: ängstlich

in aperto: unter freiem Himmel

victus, us *m.*: Nahrung, Lebensunterhalt

audax, acis: wagemutig

simplex natura: ein Wesen / ein Geschlecht für sich allein

praestare, o: *hier*: leisten

alter … alter *Gen.* alterius, *Dat.* alteri: der eine … der andere (von zweien)

indigere, eo alicuius: jdn. nötig haben, brauchen

deesse, sum: fehlen

praesto *Adv.*: zur Hand, zur Verfügung

1. Übersetze den Text.

2. Was sagt Xenophon über Frauen? Zitiere lateinisch.

3. Informiere dich, z.B. mithilfe des Internets, über das Leben der Maria Stuart. Vergleiche die Aussagen Xenophons mit dem, was du über Maria Stuart in Erfahrung gebracht hast.

4. Gebet der Maria Stuart

O Domine Deus!
Speravi in Te.
O care[1] mi[2] Jesu!
Nunc libera me.
In dura catena,
in misera poena,
desidero[3] Te.
Languendo[4],
gemendo
et genu[5] flectendo
adoro,
imploro[6],
ut liberes me.

[1]**carus**, a, um: lieb, teuer   [2]**mi**: Vokativ zu meus   [3]**desiderare**, o: *Du kennst das Substantiv* desiderium.
Erschließe die Bedeutung des Verbs desiderare.   [4]**languere**, eo: matt sein, schwermütig sein
[5]**genu**, us *n.:* Knie   [6]**implorare**, o: anflehen, flehentlich (er)bitten

a) Übersetze das Gebet der Maria Stuart neben dem Text.
b) Schreibe die Satzglieder des letzten Satzes neben das Satzgliederhaus. Ziehe Pfeile in das richtige Zimmer.

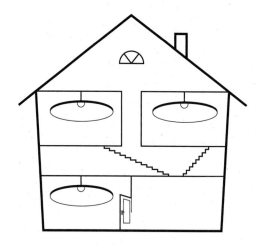

c) Was kannst du aus dem Gebet über die Situation, in der es verfasst wurde, schließen? Begründe aus dem Text.

Lektion 46

Karolus Magnus

Karolus prima uxore repudiata
Hildigardam de gente Suaborum in matrimonium duxit,
de qua tres filios totidemque filias genuit.
Habuit et alias tres filias,
5   duas de Fastrada, uxore tertia,
tertiam de aliqua concubina.
Fastrada defuncta
Liutgardam Alamannam in matrimonium duxit,
de qua nullos liberos habuit.
10 Post cuius mortem quattuor habuit concubinas,
quae ei duas filias et tres filios pepererunt.

Filiorum ac filiarum tantam in educando curam habuit,
ut numquam sine ipsis cenaret,
numquam iter sine illis faceret.
15 Filias, quae pulcherrimae erant
et ab eo valde diligebantur,
nemini aut suorum aut exterorum nuptum dare voluit,
sed omnes secum usque ad mortem suam
in domo sua retinuit,
20 dicens se earum contubernio carere non posse.

repudiare, o: verstoßen	
Hildigarda, ae *f.: Eigenname*	
Suabi, orum *m. Pl.*: Schwaben	
gignere, o, genui de: mit jmd. zeugen	
totidem *Adv.*: ebenso viele	
Fastrada, ae *f.: Eigenname*	
concubina, ae *f.*: Nebenfrau	
defungi, or, functus sum: sterben	
Liutgarda, ae *f.: Eigenname*	
Alamanna, ae *f.*: Alemannin	
parere, io, peperi: gebären	
curam habere, eo: Sorgfalt walten lassen	
exteri, orum *m. Pl.*: Fremde, Ausländer	
nuptum dare, o: in die Ehe geben	
retinere, eo: (zurück)behalten	
contubernium, i *n.*: Gesellschaft	

1. Übersetze den Text.

2. De liberis, quos Karolus genuit

Im »Stammbaum« fehlen die lateinischen Zahlen. Setze sie ein.

concubinae ♥ **Karolus**   ○ uxor _____

_____ filiae   ○ uxor _____ (Hildigarda)

_____ filii   _____ filiae   _____ filii

                   ○ uxor _____ (Fastrada)

                     _____ filiae

                   ○ uxor _____ (Liutgarda)

3. Numeri

Fülle die Tabelle.

Ziffern	Grundzahlen	Ordnungszahlen
I	unus, una, unum	primus (prior)
XIV		
XXXIX		
LXXI		
LXXXIV		
LXXXVI		
IIC		
DCCXXX	septingenti, ae, a triginta	septingentesimus tricesimus
MM		

4. Themenkreise

Übersetze und schreibe alle Angaben dazu. Ergänze jeden Themenkreis um zwei weitere Wörter. Schreibe das gemeinsame Thema jeweils in die Mitte.

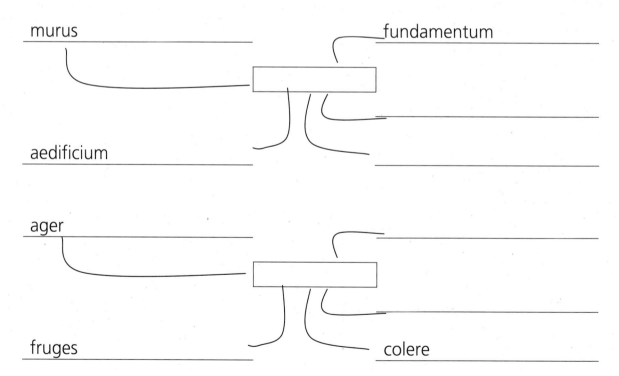

Lektion 47

Soll man heiraten?

Socrates, cum a quodam iuvene interrogatus esset,
»Quid faciam? Uxoremne in matrimonium ducam
aut matrimonio abstinere praestat?«,   **praestat:** es ist besser
respondit: »Si uxorem in matrimonium duxeris,   **paenitet me:** es reut mich, ich
5 te paenitebit.   bereue
Nam si uxorem haberes, tibi semper molestiae essent: **molestia,** ae *f.*: Unannehmlich-
Si cum amicis cenavisses et sero domum venisses,   keit
illa te vituperaret.   **sero** *Adv.*: (zu) spät
Si tibi liberi essent, numquam tutus esses a curis.   **cura,** ae *f.*: Sorge
10 Adde garrulam linguam socrus et cognosces   **garrulus,** a, um: geschwätzig
matrimonium tibi gaudio non futurum esse.«   **socrus,** us *f.*: Schwiegermutter
Iuvenis: »Praestat ergo matrimonio abstinere …«

Socrates: »Non dixi.
Nam etiam si uxorem in matrimonium non duxeris,
15 te paenitebit.
Si sine coniuge vivas,   **coniunx,** iugis *f.*: Ehefrau
nemo tibi adsit, cum aeger sis.
Si tibi liberi non sint, multis gaudiis privatus sis,
interitus generi tuo immineat,   **imminere,** eo: drohen, bevor-
20 heredem alienum habeas …«   stehen
Iuvenis: »Tace, o Socrates! Quid faciam, nescio.   **heres,** edis *m.*: Erbe
Utinam tacuisses!«
Socrates: »Nisi me interogavisses, tacuissem!«

1. Übersetze den Text.

2. Ergänze aus dem Wortspeicher und übersetze.

a) Si haec _____, te erravisse _____ .

b) Si deos esse _____ , _____ .

c) Si mortalis _____ , nunc mortem _____ .

d) Si domi _____ , multa de amicis _____ .

e) Si tibi _____ , Germanos timere _____ .

fuissetis / intellexisses / obiret / putant / desinam / esset /
legisses / credam / errant / audivissetis

3. Ordne alle Prädikate aus dem Text in die Tabellen ein.

Indikativ Plusquamperfekt	Indikativ Imperfekt	Indikativ Perfekt	Indikativ Präsens	Indikativ Futur II	Indikativ Futur I

Konjunktiv II der Vorzeitigkeit	Konjunktiv II der Gleichzeitigkeit	Konjunktiv I der Vorzeitigkeit	Konjunktiv I der Gleichzeitigkeit		Imperativ Präsens

4. Unterstreiche alle konditionalen Satzgefüge im Text und erläutere die lateinische Tempus- und Moduswahl.

Lektion 48

De stultis et sapientibus

Estne quicquam felicius isto hominum genere,
qui vulgo moriones stultique appellantur?
Principio vacant mortis metu,
non, per Iovem, mediocri malo.
5 Non vexantur metu impendentium malorum,
non spe futurorum bonorum distenduntur.
Semper gaudent, ludunt, cantant, rident,
et etiam ceteris omnibus, quocumque se contulerint,
voluptatem, iocum risumque afferunt.

10 Nunc quemvis sapientem cum hoc morione conferamus.
Finge igitur hominem,
qui totam pueritiam atque adulescentiam
in perdiscendis litteris contriverit
et iucundissimam vitae partem
15 perpetuis vigiliis laboribusque perdiderit,
semper parcus, pauper, miser,
sibi ipsi durus, aliis molestus et invisus,
ante diem fugiens e vita.
Quid refert, quando moriatur, qui numquam vixerit?
20 Habetis egregiam illam sapientis imaginem.

vulgo *Adv.*: allgemein
morio, onis *m.*: Narr
principio: zunächst einmal
per + *Akk.*: *hier*: bei
mediocris, e: mittelmäßig, gering
impendere, eo: drohen
spes, ei *f.*: Hoffnung
distendere, o: peinigen
quocumque: wohin auch immer
risus, us *m.*: Lachen
fingere, o: sich vorstellen
pueritia, ae *f.*: Kindheit
perdiscere, o: gründlich lernen
conterere, o, trivi: vergeuden
perpetuus, a, um: ständig, ununterbrochen
vigiliae, arum *f. Pl*: durchwachte Nächte
perdere, o, didi: verlieren
invisus, a, um: verhasst
ante diem: vorzeitig
refert: es liegt daran, kommt darauf an

1. Übersetze den Text.

2. Unterstreiche die Relativsätze im Text.
Erläutere die Semantik der konjunktivischen Relativsätze.

_____

_____

_____

_____

_____

3. Wortarten sortieren

Hebe die Wörter auf und sortiere sie in die Spalten unter den Körben.

Pronomina	Präpositionen	Adverbien	Konjunktionen

tam, donec, olim, ipse, uterque, in, inter, interdum, illuc, ille, suus, adhuc, apud, aut, qui, quidem, aliqui, aliquis, aliquando, quidam, quisquam, quisque, quivis, etsi, si, sine, quasi, ego, quamquam, postquam, postremo, bis, idem, pro, denique, circum, de, nemo, nec, nimis, per, ceterum, trans, fere, alter, atque

4. Übersetze die Wörter in der Pronomina-Spalte.

_____

_____

_____

5. Unterstreiche die Indefinitpronomina und Pronominaladjektive.

Lektion 49

De Christophoro Columbo

Columbum a prima adulescentia variis navigationibus
patrio more insulas litoraque Mediterranei maris adisse
notum est.
Illum cupiditate explorandi Oceani magis ac magis
5 impletum esse,
quod a viro Gallo Insulas Fortunatas
et a Lusitanis Hesperides repertas esse cognovisset;
superatumque esse
10 Henrici Regis Lusitanorum navibus
extremum Africae promunturium,
quod Bonae Spei nomen fert.
Columbum illam gloriam externis gentibus valde
invidisse constat.

15 Denique Hispaniae Rex Ferdinandus vota Columbi implevit:
Perseverantia eius commotus ei quinque naves dedit.
Itaque ille cum ducentis hominibus Gades reliquit.

Sulcato per multos dies Oceano
nullis apparentibus terris
20 conspiratione nautarum paene oppressus est.
Sed eos sacramenti severe admonuit,
quo Regi polliciti essent
se numquam ab imperio ducis sui discessuros esse.

navigatio, onis *f.*: Seereise
patrius, a, um: väterlich
Mediterraneus, a, um: Mittel-
Oceanus, i *m.*: Ozean, Weltmeer
Gallus, a, um: gallisch
Insulae Fortunatae, Insularum
Fortunatarum *f. Pl.*: Inseln der
Glückseligkeit
Lusitani, orum *m. Pl.*: Lusitaner
(Lusitanien entspricht dem heutigen Portugal)
Hesperides, um *f. Pl.*: Hesperiden *(Inseln im fernen Westen)*
Henricus Rex, Henrici Regis
m.: König Heinrich
promunturium, i *n.*: Vorgebirge
spes, ei *f.*: Hoffnung
externus, a, um: auswärtig
invidere, eo, vidi alicui aliquid:
jdn. um etw. beneiden
Hispania, ae *f.*: Spanien
Ferdinandus, i *m.*: *Eigenname*
votum, i *n.*: Wunsch
perseverantia, ae *f.*: Hartnäckigkeit
quinque: fünf
ducenti, ae, a: 200
Gades, ium *f. Pl.*: Cadiz *(Stadt in Spanien)*
sulcare, o: durchpflügen
conspiratio, onis *f.*: Verschwörung, Komplott
admonere, eo aliquem alicuius
rei: jdn. an etw. erinnern

1. Übersetze den Text.

2. Deutschstunde

Im folgenden Text kommt direkte Rede vor. Wandle den Text auf Deutsch so um, dass er nur noch indirekte Rede enthält.

Die Lehrerin fragte neulich ihre Schüler: »Habt ihr schon von Marco Polo gehört?«

Sie sagte: »Da wir heute konzentriert übersetzt haben und ihr etwas müde ausseht, werde ich euch von ihm erzählen. Marco Polo wurde in Venedig
5 geboren. Er war Händler und schrieb Berichte über Reisen nach China. Es ist nicht ganz sicher, ob er wirklich selbst nach China gereist ist, aber auf jeden Fall sind die Berichte sehr interessant. Marco Polo berichtet, Kublai Khan, der damalige Herrscher über China und weite Gebiete von Asien, habe ihn zu seinem Präfekten ernannt. Allerdings erwähnt Polo viele Dinge
10 nicht, die ihm als Europäer im damaligen China hätten auffallen müssen. Er erwähnt weder die chinesische Mauer noch geht er auf den in China schon damals üblichen Buchdruck ein. Weder die Erfindung des Schießpulvers noch die Essstäbchen finden Erwähnung. Ist das nicht seltsam? Ich frage mich, ob Marco Polo wirklich in China gewesen ist. Vielleicht hat er nur
15 aufgeschrieben, was er von anderen Reisenden gehört hat.«

Die Lehrerin forderte ihre Schüler auf: »Sagt mir, was ihr darüber denkt!«

_____

_____

_____

_____

_____

_____

_____

_____

3. Ein belauschtes Gespräch

Marcus hat ein Gespräch zwischen dem Dieb Septimus und dem Kaufmann Sextus belauscht. Nun berichtet er Aulus, was er gehört hat.

Septimus fur:

> Heri in taberna Auli mercatoris quaedam ornamenta conspexi tam pulchra, ut illa ipse habere cuperem.
> Cras tabernam iterum intrabo, et ornamentis raptis celerrime discedam.

Sextus mercator:

> Fortasse ea ornamenta magno pretio vendi possunt. Nuper quidam senator togam illam, quam mihi apportaveras, admiratus est.
> Fortasse ille etiam ea ornamenta emere vult.

Marcus Aulo narrat: »Septimus fur dixit se ...

_____

_____

_____

_____

_____

Sextus mercator respondit ...

_____

_____

_____

_____

_____ «

Lektion 50

Epikur und die Götter

Epicurus autem solus vidit primum esse deos,
quod in omnium animis notionem eorum impressisset
ipsa natura.
Quae est enim gens aut quod genus hominum,
5 quod non habeat sine doctrina
anticipationem quandam deorum?
Cum autem non instituto aliquo aut more aut lege
sit opinio constituta, intellegi necesse est deos esse,
quoniam eorum innatas cognitiones habemus;
10 de quo autem omnium natura consentit,
id verum esse necesse est.

Natura, quae nobis cognitionem ipsorum deorum dedit,
eadem impressit in animis,
ut eos aeternos et beatos putaremus.
15 Quod si ita est, vere exposita illa sententia ab Epicuro:
id, quod beatum aeternumque sit,
neque habere ipsum negotii quicquam
neque exhibere alteri;
itaque deos necque ira neque gratia teneri,
20 quod omnia, quae talia essent, imbecilla essent.

Epicurus, i *m.*: Epikur *(griech. Philosoph um 300 v. Chr.)*
animus, i *m.*: *hier*: Seele
notio, onis *f.*: Vorstellung
imprimere, o, pressi: einprägen
doctrina, ae *f.*: Unterweisung
anticipatio, onis *f.*: Vorbegriff
institutum, i *n.*: Anordnung
opinio, onis *f.*: Glaube an die Götter
quoniam: weil ja
innatus, a, um: angeboren
cognitio, onis *f.*: Vorstellung

aeternus, a, um: ewig
expositus, a, um: *PPP von* exponere, o: formulieren
negotium, i *n.*: *hier*: Unannehmlichkeit(en)
exhibere, eo: bereiten
gratia, ae *f.*: *hier*: Sympathie
teneri, eor: *hier*: empfinden

1. Übersetze den Text.

2. Erläutere den Tempus- und Modusgebrauch in den Relativsätzen.

_____

_____

_____

_____

_____

3. »Quod in omnium … ipsa natura« ist ein Kausalsatz. Zitiere und bestimme in gleicher Weise die fünf weiteren Gliedsätze im Text, die keine Relativsätze sind.

_____

_____

_____

_____

_____

_____

_____

_____

4. Erläutere die folgenden Begriffe aus dem Textzusammenhang.

notio _____

natura _____

doctrina _____

anticipatio _____

institutum _____

mos _____

lex _____

opinio _____

innata cognitio _____

5. Formuliere den Gottesbeweis des Epikur mit deinen eigenen Worten.

6. Wie beschreibt Epikur die Götter?

7. Themenkreise
Übersetze die Wörter und schreibe alle Angaben dazu. Ergänze jeden Themenkreis um zwei weitere Wörter. Schreibe das gemeinsame Thema in die Mitte.

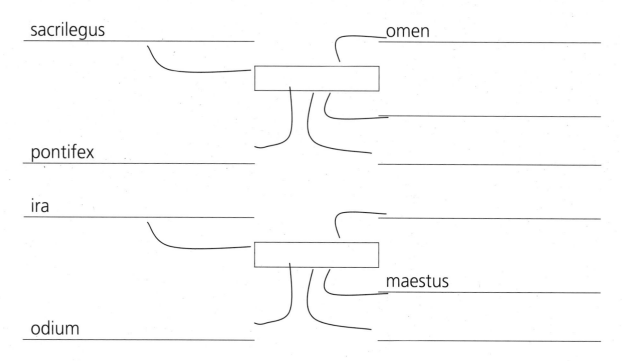

8. Wörterlernen mit Köpfchen
Ergänze möglichst viele Sonnenstrahlen.

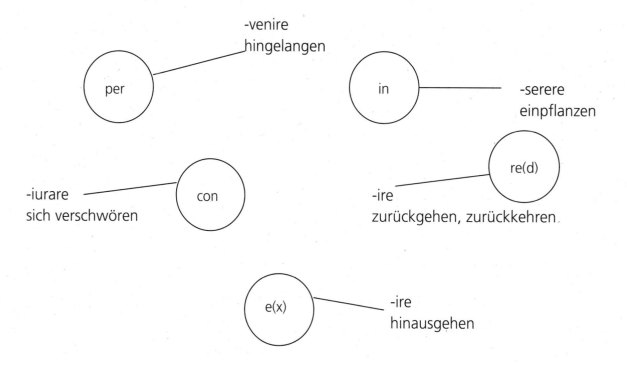

64